Leselöwen

Amelie Benn

Ein spannender Fall für die Polizei

Illustriert von Dominik Rupp

Loewe

Ihre Meinung zählt!

Nehmen Sie jetzt an einer kurzen Elternbefragung des Loewe Verlags teil und beeinflussen Sie die zukünftige Entwicklung unserer Kinderbücher:

www.elternbefragung.online

Unser Kinderbuch-Newsletter bietet alle Infos zu Neuerscheinungen und tollen Veranstaltungen, exklusive Gewinnspiele und vieles mehr!

Jetzt kostenlos abonnieren: *www.loewe-verlag.de*

Inhalt

Ein Dieb im Kaufhaus! 6
Ein spannender Fall 13
Wo ist der Dieb? 22
Fall gelöst? 31

Ein Dieb im Kaufhaus!

Milans Papa ist **Polizist**.
Jeden Abend erzählt er Milan
von seinem Arbeitstag.
Milan findet das sehr spannend.

Wenn Milan groß ist,
möchte er auch zur Polizei.
Dann will er **Kriminal-Fälle** lösen
oder mit Hunden arbeiten.

Heute hat Milans Papa
schon früher Schluss.
Er holt Milan mit dem Auto
von der Schule ab.

Auf dem Heimweg
erzählt Milans Papa
von seinem neuen Fall.

„Ganz früh am Morgen wurden mein Kollege und ich ins Kaufhaus Klemm gerufen“, berichtet er.

Milan wird ganz aufgeregt.
„Bestimmt wurde etwas **geklaut**!“,
vermutet er.
Sein Papa nickt.

Fragen und Antworten

Was ist Milans Papa von Beruf? Bringe die Buchstaben in die richtige Reihenfolge.

ZILOSTIP

Antwort: Polizist

Womit wird Milan abgeholt? Kreise ein.

Antwort: Auto von Milans Papa

Wohin wurde Milans Papa heute gerufen? Kreuze an.

- ☐ Kaufhaus Klemm
- ☐ Kaufhaus Memm
- ☐ Kaufhaus Flenn

Antwort: Kaufhaus Klemm

Ein spannender Fall

„Eine Frau wollte
ein Kleid kaufen.
Dabei wurde ihr Armband
gestohlen“, erklärt Milans Papa.

Er erzählt: „Sie wurde
im Laden angerempelt.
In der Umkleide stellte sie fest,
dass das Armband weg war.“

„Habt ihr den Dieb gefangen?“,
will Milan wissen.
Sein Papa schüttelt den Kopf.
„Noch nicht“, sagt er.

„Wir haben viele Leute befragt,
aber keiner hat etwas bemerkt“,
erzählt Milans Papa weiter.

Milan denkt nach.
„Das Kaufhaus wird bestimmt
mit Kameras **überwacht**, oder?“,
fragt er.

Milans Papa nickt.
„Der Besitzer des Kaufhauses
schickt die Videos per E-Mail
an meinen Kollegen.“

Plötzlich schlägt er sich
mit der Hand auf die Stirn.
„Oje! Ich hab mein Handy
in der Polizeistation vergessen!“

Als sie dort ankommen,
ist jede Menge los.
Eine Bank wurde überfallen.
Viele Polizisten rücken aus.

Fragen und Antworten

Was vermisst die Frau nach dem Einkauf? Kreise das richtige Wort ein.

HALSKETTEFINGERRINGARMBANDOHRRINGE

Antwort: Armband

Wer schickt das Video per E-Mail? Trage die fehlenden Buchstaben ein.

KAU_HAUS-BE_I_ZER

Antwort: Kaufhaus-Besitzer

Wo ist der Dieb?

Da kommt ihnen jemand
mit einem Handy entgegen.
Es ist der Kollege,
der im Kaufhaus mit dabei war.

„Da ist ja mein Handy! Danke!“,
ruft Milans Papa freudig,
als ihm sein Kollege
das Handy reicht.

Der Kollege lächelt und sagt:
„Ich muss dir etwas zeigen."
Er führt Milan und seinen Papa
in einen Nebenraum.

„Das Video vom Vormittag
kam gerade an“,
erklärt der Kollege
und zeigt auf einen Bildschirm.

Er sagt: „Ich habe es
mir angesehen.
Ein Mann hat die Frau angerempelt.
Aber er hat nichts gestohlen.“

Milans Papa starrt angestrengt
auf den Bildschirm.
Milan steht neben ihm
und beobachtet alles genau.

„Er war es wirklich nicht“,
sagt Milans Papa seufzend.
„Aber etwas stimmt hier nicht.
Nur was?“

Milan überlegt.
Auch ihm kommt etwas
im Video komisch vor.
Das Armband …

Fragen und Antworten

Wo hat Milans Papa sein Handy vergessen?
Bringe die Silben in die richtige Reihenfolge.

STA LI ON ZEI PO TI

Antwort: Polizeistation

Was sagt der Kollege? Kreuze an.
Ein Mann hat die Frau angerempelt.

- ☐ Aber er hat nichts gestohlen.
- ☐ Und er hat sie bestohlen.
- ☐ Und sie hat ihn bestohlen.

Antwort: Aber er hat nichts gestohlen.

Fall gelöst?

Plötzlich fällt es Milan
wie Schuppen von den Augen.
„Zeig mir noch mal das Video!“,
bittet er seinen Papa.

Das Video läuft nur
wenige Sekunden.
Da ruft Milan: „Stopp!“

Er zeigt auf den Bildschirm.
„Da ist die Frau, die das Armband als gestohlen gemeldet hat, oder?“, fragt er.

Im Video sieht man die Frau,
gleich nachdem sie
in das Kaufhaus gekommen ist.
„Schaut mal da!“, sagt Milan.

„Sie trägt kein Armband!“,
erkennt Milans Papa jetzt.
„Ja, genau!“,
ruft sein Kollege begeistert.

Milan jubelt los.
„Das ist es! Vielleicht hat sie es nur zu Hause vergessen“, vermutet er.

Der Kollege von Milans Papa
will den **Verdacht** überprüfen.
Er ruft die Frau an.

Und wirklich!
Durch den Anruf findet sie
ihr Armband zu Hause wieder.
Sie freut sich sehr.

„Das hast du toll gemacht!“,
lobt Milans Papa.
Auch sein Kollege
nickt Milan anerkennend zu.

Milan lächelt stolz.
„Und beim nächsten Fall
bin ich gerne wieder dabei!“,
sagt er und zwinkert.

Fragen und Antworten

Wer findet den entscheidenden Hinweis?

Kreise ein.

Antwort: Milan

Was ist der entscheidende Hinweis?

Kreuze an.

☐ Die Frau war gar nicht im Kaufhaus.

☐ Die Frau trägt ihr Armband gar nicht.

☐ Die Frau hat gar kein Armband.

Antwort: Die Frau trägt ihr Armband gar nicht.

Was sagt Milans Vater? Trage das fehlende Wort ein.

Das hast du ______ gemacht!

Antwort: Das hast du toll gemacht!

Schon gewusst?

Polizist (Seite 6):

Die Polizei beschützt die Menschen und sorgt für Ordnung und Sicherheit. Außerdem passt sie auf, dass niemand etwas Verbotenes tut. Polizisten und Polizistinnen, die Verbrechen aufklären, gehören zur Kriminal-Polizei.

Kriminal-Fälle (Seite 7):

Wenn die Polizei in einem Kriminal-Fall ermittelt, heißt das: Sie versucht herauszufinden, wer ein Verbrechen begangen hat. Dafür sichert sie alle Spuren am Tatort und befragt Zeugen, die etwas beobachtet haben, bis der Täter oder die Täterin gefunden ist.

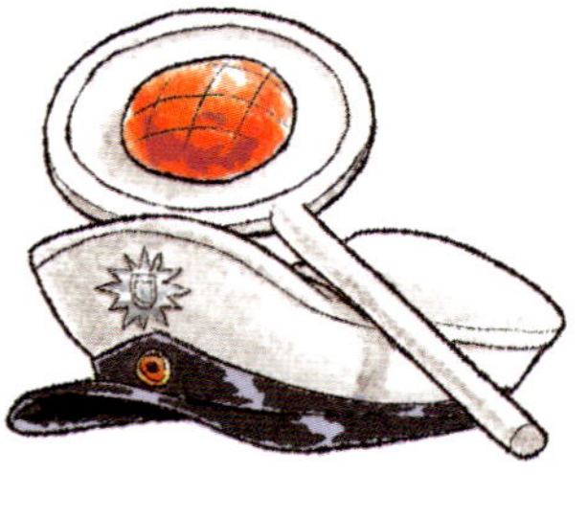

geklaut (Seite 11):

Wenn jemand etwas genommen hat, das ihm nicht gehört, hat er es geklaut. Oder gestohlen, gemopst, stibitzt, geraubt ... Es gibt ganz viele Wörter, die fast das Gleiche bedeuten. Kennst du noch mehr?

überwacht (Seite 17):

Viele Läden werden mit Kameras überwacht. Die Videos können der Polizei bei ihrer Ermittlung helfen. Zeugen erinnern sich manchmal nicht genau. Auf dem Überwachungsvideo kann man sehen, was tatsächlich passiert ist.

Verdacht (Seite 37):

Ein Verdacht ist eine Vermutung. Milan vermutet, dass die Frau das Armband nicht dabeihatte. Um ganz sicher zu sein, muss die Polizei den Verdacht überprüfen. Dazu sammelt sie Beweise.

Blättere schnell um und trage die unterstrichenen Buchstaben in der richtigen Reihenfolge in die Kästchen ein!

Das Leselöwen-Lösungswort

Besuche den Leselöwen auf
www.leseloewen.de und trage
die unterstrichenen Buchstaben
von den Seiten *Schon gewusst?*
in der richtigen Reihenfolge
in die magische Box ein.

V				

Wenn du das Lösungswort
gefunden hast, kommst du auf
die geheime Seite mit vielen
weiteren Spielen und Rätseln!

Der **Leselöwe** freut sich auf dich!

Jetzt online!

Amelie Benn wurde 1974 in Süddeutschland geboren. Während ihres Studiums lebte sie zeitweise in Nepal, Israel und England. Dort besuchte sie viele magische Orte und sammelte Ideen für ihre Geschichten. Heute lebt Amelie Benn mit ihrer Familie in der Schillerstadt Marbach.

Dominik Rupp, Jahrgang 1989, studierte Design mit dem Schwerpunkt Illustration an der Fachhochschule Münster. Bereits während des Studiums arbeitete er für zahlreiche renommierte Verlage. Heute ist er freischaffender Illustrator und lebt in Aachen.

1. Klasse

Leselöwen

Erstes Selberlesen

Die Nr. 1 für den Lesestart

ISBN 978-3-7432-1823-9

ISBN 978-3-7432-1926-7

ISBN 978-3-7432-1803-1

ISBN 978-3-7432-1749-2

ISBN 978-3-7432-1789-8

ISBN 978-3-7432-1734-8

Loewe

Das will ich lesen!